즐거운 학교 생활을 위한 **1학년 체험동화**

방과후학교

즐거운 학교 생활을 위한

1학년 책임동화 방과후학교

2011년 2월 10일 초판 1쇄 펴냄

펴낸곳 | ㈜ 꿈소담이
펴낸이 | 김숙희
글 | 문인화
그림 | 박진아

주소 | 136-023 서울특별시 성북구 성북동 1가 115-24 4층
전화 | 747-8970 / 742-8902(편집) / 741-8971(영업)
팩스 | 762-8567
등록번호 | 제6-473(2002. 9. 3)

홈페이지 | www.dreamsodam.co.kr
전자우편 | isodam@dreamsodam.co.kr

ⓒ 문인화, 2011
ISBN 978-89-5689-726-4 74810
        978-89-5689-725-7 74810 (세트)

● 책 가격은 뒤표지에 있습니다.
● 꿈소담이의 좋은 책들은 어린이와 세상을 잇는 든든한 다리입니다.

즐거운 학교 생활을 위한

1학년 체험동화

방과후학교

글 문인화 | 그림 박진아

소담 주니어

작은 씨앗이 싹터서 자라나는 것처럼

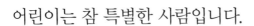

어린이는 참 특별한 사람입니다.

왜 그러냐고요?

어린이가 자라서 어떤 사람이 될지 아무도 모르거든요.

키 작은 땅꼬마가 아주 큰 거인으로 자랄 수 있습니다. 종이 비행기 접기를 좋아하다가 우주선을 쏘아 올리는 과학자가 되기도 합니다. '딩동댕' 실로폰을 잘 치면 자라서 피아니스트가 될 수도 있답니다. 그래서 방과후학교가 필요하지요.

방과후학교에는 아주 많은 부(반)가 있어요. 어린이들이 좋아하거나 꼭 하고 싶은 것을 골라서 할 수 있도록 이 책에서도 여러 가지 부를 소개했답니다. 어린이 하나하나 얼굴이 다르듯이 잘하는 일도 다 달라요. 하고 싶어하는 것도 물론 다르고 어릴 때부터 잘하는 일이나 하고 싶은 공부를 실컷 하면 넓은 세상으로 나갔을 때 날개를 활짝 펴고 날 수 있답니다.

이 책에는 우리들이 유치원이나 학교에서 만나는 친구들이 많이 나옵니다.

영어를 잘하는 유빈이는 다문화 가정의 어린이고요. 샘 많은 성은이, 뭐든지 배우려는 도란이, 잠시도 가만히 앉아 있지 못하는 기웅이, 한눈팔기 대장 동혁이. 모두 사랑스런 친구들이죠. 아 참! 고자질쟁이 소리와 발달장애를 가진 은혜, 삐치기 잘하는 세호도 있습니다. 어린이들의 성격은 달라도 똑같은 점이 하나 있어요. 바로 학교와 집에서 사랑받고 칭찬받기를 원하는 것! 행복한 생활의 첫걸음은 칭찬받는 데서 시작되거든요.

어린이 여러분! 작은 씨앗이 싹터서 자라는 것을 본 적이 있지요? 벌레가 물고 바람이 흔들어도 식물은 꿋꿋이 이겨 냅니다. 예쁜 꽃을 피우고 열매가 익으면 하늘을 향해 만세를 부른답니다.

우리 친구들도 작은 씨앗과 같아요. 방과후학교에서 이리저리 부딪치며 자리를 잡는 모습을 통해 꿈을 키우려면 참는 힘이 필요하다는 걸 깨달았으면 합니다. '어린이는 누구나 이 세상의 주인공'이니까요.

"으아, 머씨다!(우와, 멋있다!)

유빈이는 저도 모르게 외쳤어요. 자리에서 벌떡 일어
나 손뼉을 쳤습니다. 성은이도 영민이도 승희도 아이들
모두모두 손바닥이 빨개지도록. 내려졌던 막이 다시 올
랐습니다. 영어연극부는 무대에 나와 손에 손을 잡고 인
사를 했어요. 강당 안은 또 다시 뜨거운 박수소리로 가

득 찼습니다.

오늘은 샛별초등학교의 방과후학교 소개를 하는 날입니다.

방과후학교가 뭐냐고요? 아참! 깜빡했네요. 학교 공부를 마친 후에 하는 공부를 방과후학교라고 한대요. 학교 속에 학교가 또 하나 있다니 참 이상하지요? 이렇게 생각하면 어떨까요? 방과후학교는 오후에 다니는 학교라고.

방과후학교에서는 컴퓨터, 영어연극, 바이올린, 재즈댄스같이 재미있는 것들을 배운답니다. 쉿! 그리고 이건 비밀인데요, 방과후학교는 다니고 싶은 아이만 다녀요. 같은 학년끼리만 배우는 곳도 아니에요. 비슷한 특기를 가진 아이들이 모여요. 다니는 아이가 너무 적으면 아예 문을 닫습니다. 반대로 너무 많은 아이가 들어오면 가려서 뽑지요. 그렇게 별난 학교니까 꼭 다니고 싶다고요?

인기 쨍
영어연극부

샛별초등학교 1학년 아이들은 야단이 났어요. 영어연극부에 마음이 딱 꽂혔거든요. 영어로 말하는 배우가 되는 건 너무나 멋지잖아요. 노랑머리, 빨강머리 가발도 써 보고.

"난 꼭 영어연극부가 될 테야!"

성은이는 마치 기도를 하는 듯이 말했어요. 두 손을 가슴에 모으고.

"나도!"

"나도!"

아이들이 손을 번쩍 들며 덩달아 외쳤습니다.

"나도 꼿 녕어여굿뿌 하꺼다(나도 꼭 영어연극부 할 거다)!"

유빈이가 끼어들었어요. 성은이는 힐끗 유빈이를 돌아보며 말했습니다.

"넌 안 될 거야. 말도 잘 못하잖아."

"크래도 하꺼다. 뉴빈 녕어 자라래(그래도 할 거다. 유빈이 영어 잘 해)."

유빈이의 눈은 둥글

고 커서 순해 보입니다. 그 큰 눈을 더 크게 뜨며 유빈이

는 고집을 세웠습니다. 성은이는 아예 못 들었다는 듯이

굴었어요. 대꾸도 안 하고 휙 강당을 나가 버렸어요. 그

런데도 유빈이는 성은이 뒤를 졸졸 따라갔습니다. 유빈

이는 1학년 같은 반 짝꿍인 성은이가 좋았어요. 이담에

커서 성은이랑 결혼하고 싶답니다. 예쁜 방울을 머리에

달고 다니는 성은이. 뭐든지 척척 잘하는 성은이가 요술 공주 같아서예요.

"어? 유빈이가 마지막 행운의 주인공이네. 유빈아, 축하해. 영어연극부는 이제 다 뽑혔으니 다들 돌아가요."

방과후학교 코디 선생님은 끝내 성은이 이름은 부르지 않았습니다. 성은이는 영어연극부에 들어간 유빈이가 몹시 부러웠습니다. 샘이 나고 화가 났어요. 성은이는 유빈이 뒤통수를 뚫어져라 노려보았습니다. 유빈이는 성은이가 자기를 노려보는 줄도 모릅니다. 마냥 신이 나서 자랑을 했어요.

"으아, 나 이데 녕어여굿뿌 댄다(우와, 나 이제 영어연극부 된다)!"

유빈이는 영어연극부가 된 것만으로도 뿌듯합니다. 학교가 더 좋아졌어요.

원어민 영어 선생님과 한국인 영어 선생님이 함께 지도하는 영어연극부는 인기 짱입니다. 아이들이 몰려서 서둘러야 했어요. 신청서를 내는 순서대로 들어갈 수 있으니까요. 어려운 말로 선착순 모집이라나요. 유빈이와 성은이는 쉬는 시간에 방과후학교 신청서를 내러 방과후학교 코디 선생님께 갔어요. 그런데 그만 성은이 바로 앞에 선 유빈이까지만 뽑힌 거예요. 성은이는 유빈이가 얄미웠습니다. 영어연극부를 빼앗긴 것 같아서.

"체, 바보! 우리나라 사람도 아니면서……."

성은이 입에선 저도 모르게 나쁜 말이 나옵니다. 성은이는 제 말에 깜짝 놀라 두리번거립니다. 아휴! 참 다행이에요. 담임선생님이나 성은이 엄마가 안 보이는군요. 바로 옆에 계셨더라면 큰일이 났겠지요. 성은이는 틀림없이 꾸지람을 들었을 테니까요. 성은이 엄마는 유빈이 엄마에게 우리말을 가르치는 자원봉사 선생님이랍니다.

유빈이는 다문화 가정의 어린이입니다. 필리핀에서
온 유빈이 엄마는 우리말이 서툴러요. 필리핀 외갓집에
서 자란 유빈이가 우리나라에 온 것은 겨우 일 년 전. 유
치원도 다니다 말다 했어요. 유빈이는 우리말을 잘 못해
서 친구들의 놀림을 받습니다. 1학년인데도 책을 못 읽
어요. 한글을 못 뗐거든요. 겨우 제 이름밖엔 못 써요.
'전유빈' 이라고. 국어 선생님이 틈을 내서 유빈이에게

한글을 가르치는 중이에요. 그런 유빈이를 아이들은 바보라고 놀립니다. 유빈이는 바보라는 말의 뜻도 잘 모르나 봐요. 왕방울만한 까만 눈을 껌벅껌벅할 뿐입니다. 그럼 아이들은 더 놀려요. 화를 안내는 유빈이가 정말 바보인 줄 알고.

영어연극부에서는 유빈이가 보물이랍니다.

영어연극부에 들어온 첫 날. 영어 선생님은 아이들의 영어 실력이 궁금하셨나 봐요. 아주 어려운 게임으로 공부를 시작했어요.

"영어로만 말하기 게임을 하겠습니다. 모둠별로 받은 카드 내용에 맞게 말합니다. 끝까지 우리말을 해선 안 돼요."

"아, 큰일 났다. 난 영어 잘 못하는데……."

웅성거리는 소리가 들렸어요. 영어 실력

은 금세 판가름이 났습니다. 다른 모둠에서 살아남은 6

학년이랑 유빈이만 끝까지 영어로 말했습니다. 모두들

깜짝 놀랐어요. 유빈이가 어찌나 영어를 잘하는지.

"1학년이 어떻게 6학년보다 더 잘하지?"

"전유빈, 너 미국에서 살다 왔지?"

너도나도 떠들어 댔습니다.

"마이 맘 이즈 필리피노(우리 엄마는 필리핀 사람이야)."

웅성거리던 아이들이 조용해졌어요.

"운 어마하테 녕어 배웃다(우리 엄마한테 영어 배웠다)."

"애 완전 온달이다. 영어만 잘하는 영어 온달 말이야."

누군가가 우스개 말을 했어요. 영어연극부는 웃음바다가 되고 말았답니다.

그날 이후 유빈이는 영어연극부의 마스코트가 되었어요. 6학년 누나들은 유빈이를 영마온(영어연극부 마스코트 온달)이라고 부릅니다. 만날 때마다 사탕이나 과자를 나누어 주었고요. 이래저래 유빈이는 신이 났습니다.

"방구학고 증마 재미써요(방과후학교 정말 재밌어
요)."

방과후학교를 오가는 길에 아는 사람을 만나면 유빈
이가 하는 말입니다. 사람들은 유빈이가 귀여워서 웃습
니다. 머리를 한 번씩 쓰다듬어 주기도 하고.

다 안 할 거야

영어연극부를 하려던 아이는 아주 많았어요. 그 중 한 아이가 바로 세호랍니다. 여러 아이들은 다른 부를 찾아서 방과후학교에 들어갔습니다. 그러나 세호만은 달랐어요.

"다 싫어. 난 다른 부는 절대 안 할 거야."

"에이, 할 거면서. 바~둑부, 미술~부, 축~구부를 할까?"

세호 엄마는 노래하듯 재미있게 말합니다. 세호는 고개만 흔듭니다.

"참, 우리 세호 음악 좋아하지. 바이올린은 어때? 엄마는 어릴 때 바이올린을 배우는 게 소원이었는데……."

세호 엄마가 아무리 애를 써도 세호는 고집을 부렸어요. 결국 세호는 아무데도 들어가지 못했지요. 방과후학교 1기 신청 기간이 끝나 버렸거든요.

"그럼 돌봄교실에 가든가."

"싫어. 난 빵학년도 아닌데 뭐!"

세호는 점심 급식을 먹자마자 곧장 집으로 갑니다. 혼자서 터벅터벅. 세호를 맞이해 주는 것은 텅 빈 집뿐이에요. 세호 엄마는 낮 동안 일을 하시거든요. 집 근처 슈퍼마켓에서.

성은이와
바이올린부

성은이는 바이올린부에 들어갔습니다. 바이올린부는
화요일에만 했어요.

"성은이는 자세가 아주 좋구나. 처음 배우는 것 같지
않은데?"

바이올린 선생님이 칭찬했어요. 성은이는 바이올린을
어깨에 붙이고 음을 고릅니다. 가슴이 콩콩 뜁니다. 텔
레비전에서 본 음악회가 떠올랐어요. 사라 장 선생님의

바이올린 연주에 맞춰 노래하던 아이들. 그 아름다운 모습이 눈에 어른거립니다.

"나도 사라 장 선생님 같은 바이올리니스트가 되어야지!"

성은이는 마음이 바빴어요. 금방이라도 텔레비전에 나올 만큼 연주를 잘하게 될 줄 알았거든요. 그러나 성은이의 바이올린은 울기만 해요. 깨갱깨갱 슬픈 소리로.

성은이가 서두르며 힘을 줄수록 바이올린은

올린은 더 아픈가 봅니다. 목줄을 처음 건 강아지처럼.

"이 바이올린은 유빈이처럼 바본가 봐. 음이 안 맞잖아!"

성은이는 바이올린을 탓합니다. 쾅 소리가 나도록 책상에 팽개쳤어요.

수요일, '즐거운 생활' 시간입니다.

"'우리 모두 다 같이' 노래하며 악기 연주를 합시다."

선생님의 말씀에 아이들은 제각각 소란을 피웠습니다.

탬버린을 찰랑찰랑 흔들어 대는 개구쟁이 기웅이, 멜로디언을 펼쳐 놓고 아무 건반이나 눌러 보는 새침데기 미희, 윷가락 두 개를 들고 딱딱딱 쳐 보는 고집쟁이 세호.

성은이도 얼른 바이올린을 꺼내 들었습니다. 그런데 큰일 났어요. 바이올린 한 줄이 끊어져 있지 뭐예요. 쩔쩔매는 성은이를 바라보던 유빈이가 물었어요.

"그거 나 고쳐 준다(그거 내가 고쳐 줄까)?"

"나도 못 하는 걸 네가 어떻게 하니?"

성은이는 톡 쏘고, 바이올린 줄을 이어 보려 애를 썼어요. 요리 보고 조리 보고, 아무리 만지작거려도 바이올린은 고쳐지지 않았습니다.

'이걸 어째!' 성은이는 눈물이 나려 해요.

"잉 주 바(이리 줘 봐)."

성은이는 하는 수 없이 바이올린을 유빈이 쪽으로 밀어 놓았어요.

"댔따. 잉재 바, 바(됐다. 이제 봐, 봐)."

성은이는 깜짝 놀랐습니다. 유빈이가 줄을 이어 놓았지 뭐예요.

"운 아빠 바이얼 공장 일해. 어마랑 나 아빠 일 동는다(우리 아빠 바이올린 공장에서 일해. 엄마랑 내가 아빠 일을 돕는다)."

"고마워!"

성은이는 우물우물 작은 소리로 말했어요. 얼른 바이올린을 끌어안고 고개를 숙였습니다. 정말 유빈이에게 부끄럽고 미안했어요. 마음보다 얼굴이 더 빨갛게 달아올랐지요. 유빈이는 또 왕방울 눈을 껌벅이며 환하게 웃었습니다.

뭐든지 재밌어

도란이는 호기심이 굉장히 많아요. 뭐든지 알고 싶어
하죠. 새로운 것을 안 해 보곤 못 참는답니다. 이런 도
란이의 방과후학교 시간표를 살짝 엿
볼까요?

우선 월요일엔 주산부에서 채깍채깍
주산을 튕겨요. 계산왕이 되려고요.

화요일에는 만들기부에 가서 종이랑
흙을 가지고 놉니다. 흙을 조물락조물락하면 마음이 순
해져요.

수요일에는 한자부. 머잖아
한자 시험을 볼 거예요. 한자
급수를 딸 생각이거든요.

목요일엔 플루트부에 가서

포오오~ 플루트를 불어요.

금요일엔 컴퓨터부를 합니다. 빨리 학급 홈페이지에 글을 올리고 싶어서.

그럼 토요일에는 쉬냐고요? 아니, 바둑부에 간답니다.

도란이는 쉴 틈 없이 방과후학교에 다니지만 늘 즐겁습니다. 방과후학교랑 잘 놀고 있으니까요. 도란이 아빠는 걱정스럽게 묻습니다.

"도란아, 힘들지 않니?"

"하나도 안 힘들어요. 축구부도 하고 싶은걸요."

도란이는 더 욕심을 부렸어요. 아빠는 두 손 들었다는 표시를 하며 웃습니다.

기웅이는 한 자리에 앉아 있지를 못해요. 늘 엉덩이를 들썩입니다. 기웅이의 별명은 개구쟁이. 그렇지만 기웅이는 반에서 꽤 인기가 높답니다. 씩씩하게 운동을 잘하고 여자 친구는 절대 안 괴롭히거든요. 기웅이는 바둑부에 들어갔어요. 축구부가 되고 싶었는데 할 수 없이 바둑부에 들어간 건 기웅이 엄마 때문입니다.

"아무 때나 돌아다니는 나쁜 버릇을 고치려면 뭐가 좋

을까?"

"담임선생님께 여쭤보지그래요."

기웅이 아빠가 담임선생님 이야기를 꺼냈습니다.

"엉덩이에 본드를 붙이려면 바둑부가 딱이야. 담임선생님도 바둑부를 추천하셨고."

담임선생님과 의논한 기웅이 엄마는 바둑부에 못을 박았습니다.

기웅이는 아빠에게 도움을 바랐지만 아빠는 엄마 편이었어요.

"대신 컴퓨터부도 보내 줄게. 너 컴퓨터 좋아하잖아."

컴퓨터부도 다니라는 아빠의 말에 마음이 조금 풀렸어요. 컴퓨터는 유치원 때부터 배우고 싶었거든요. 아무리 그래도 바둑부가 뭐예요! 기웅이는 슬펐습니다. 재미도 하나 없고. 기웅이가 걸핏하면 바둑부에 지각하는 까닭을 알겠지요?

오늘도 역시 지각입니다. 아무데나 빈자리에 털썩 앉았
어요. 빨리 끝나기만 기다리려고. 바둑 선생님은 기웅이
손에 바둑알을 쥐어 주며 소곤소곤 귓속말을 하셨어요.

"어때? 선생님이랑 대국 한 판 해 보자. 선생님을 이
기려면 무슨 수를 써야 할지 생각하고 있는 게 좋을걸."

바둑 선생님은 아이들 사이를 다니며 짝을 지어 줍니
다. 기웅이에겐 바둑 짝꿍할 아이도 없어요. '정말 바둑
선생님이랑 짝이 되어야 하나?' 더럭 짜증이 납니다.

'근데 바둑알로 집을 짓는다고? 그게 무슨 말이지?'

바둑판을 빤히 들여다보았습니다. 아무것도 모르겠어
요. 그저 수많은 네모 칸이 있을 뿐. 문득 바둑알을 톡톡
손끝으로 쳐 보았어요. 바둑알은 바로 앞의 바둑알을 맞
추며 튕겨져 나갔습니다.

'어, 재미있네. 다시 해 보자.'

기웅이는 바둑알 치기를 합니다. 한 번, 두 번, 세

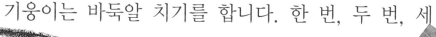

번……

조용한 바둑 교실에 바둑알 부딪치는 소리가 자꾸자꾸 들립니다. 학교쥐가 나와서 쓰레기통 청소를 하는 것처럼.

"아야!"

갑자기 바둑 교실 저편에서 누가 비명을 지릅니다. 멀리 튕겨져 나간 바둑알에 뒤통수를 맞았나 봐요. 아이는 머리를 손으로 비비며 뒤를 돌아다보았습니다. 기웅이는 가슴이 뜨끔했습니다. 눈이 마주칠까 봐 얼른 눈을 아래로 내리깔았어요.

"그런다고 누가 모를 줄 알고?"

때릴 것처럼 주먹을 흔들며 기웅이 옆으로 다가온 아이, 바로 같은 반 김도란입니다.

"어, 미안, 미안해."

기웅이는 얼버무리며 사과했어요.

"너 일부러 그랬지?"

도란이는 기웅이를 다그칩니다.

"아냐. 그냥 심심해서 그랬어."

"뭐, 바둑을 하면서 심심하다고?"

도란이는 깜짝 놀란 얼굴이에요. 바둑알에 맞았을 때보다 더 큰 소리를 칩니다.

"그래. 난 바둑부가 싫어. 재미없어."

기웅이는 솔직하게 말했어요. 바둑부를 그만두면 좋겠다고. 대신 축구부에 들어가고 싶다고. 그런데 엄마 때문에 안 된다고. 도란이는 바둑알에 맞은 것도 잊었나 봐요. 비어 있는 기웅이 옆자리에 앉았어요.

"봐 봐. 바둑이 얼마나 재밌다고. 너 그거 모르는구나?"

도란이는 아무렇게나 뒤섞여 있는 기웅이의 바둑판에서 흰 돌과 검은 돌을 골라 가려 놓았습니다. 뭘 하려는

지 생긋 웃으면서.

"기웅아, 너는 검은 돌이야. 난 흰 돌이고."

검은 돌을 기웅이 앞으로 밀어 놓았어요. 도란이는 흰 돌 하나를 집었습니다. 기웅이는 귀찮아하면서도 검은 돌을 잡았습니다.

"자, 너 먼저 한 개를 놔. 다섯 알을 먼저 놓는 사람이 이기는 거다."

"아, 그거 오목이지? 나도 안다."

기웅이가 자신감에 차서 말합니다.

"그래? 그럼 우리 누가 이기나 내기할까?"

이번에도 도란이가 먼저 의견을 내놓았어요.

"좋아, 하자. 이기면 뭐 줄래?"

"네가 나 때린 거 용서해 줄게. 근데 내가 이기면 넌 뭘 줄 건데?"

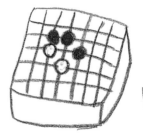

"내가 아이스크림 한 개 사 준다!"

기웅이가 한턱낸다는 듯 말합니다.

"좋아. 시~작!"

"하아, 요 녀석들. 벌써부터 내기 바둑을 하는 거니?"

바둑 선생님이 꿀밤 먹이는 시늉을 합니다. 호통을 치
지만 바둑 선생님의 눈은 웃고 있어요. 두 아이도 목을
움츠리고 쿡쿡 웃었습니다.

도란이랑 다니면서 기웅이도 바

둑부에 슬슬 재미를 붙였어요. 들썩거리던 엉덩이도 의자랑 조금씩 친해졌고요. 요사이 기웅이에겐 즐거움이 또 하나 늘었습니다. 아빠랑 오목을 두는 거예요. 벌써 몇 번이나 기웅이가 아빠를 이겼답니다.

"하하. 이거 원. 벌써 아들에게 지다니."

"기웅이가 엄마를 닮아서 머리가 좋은가 봐요. 머리 좋은 애가 바둑을 잘한다는데."

기웅이 엄마가 맞장구를 치며 기웅이에게 뽀뽀를 해 줍니다.

기웅이 아빠는 참 이상해요. 오목을 지고서도 그저 기분이 좋은가 봅니다. 화를 내기는커녕 자꾸 웃기만 했어요. 게다가 상으로 아이스크림을 사 주기까지 했답니다.

동혁이와 컴퓨터부

컴퓨터부는 재미있다고 소문난 곳입니다. 재미있다고 모두 열심히 할까요? 그렇다면 선생님들은 너무나 심심해질 거예요. 할 일이 없어서.

컴퓨터부에서 제일 눈에 띄는 아이는 바로 동혁이입니다. 동혁이는 제 손바닥만큼이나 큰 귀를 쫑긋 세우고 작은 눈을 가느스름하게 뜨고 다녀요. 이만하면 동혁이 별명이 뭔지 알겠지요? 네. '아기코끼리 덤보' 예요. 동그렇고 빨간 뿔테 안경도 썼고요. 동혁이의 특기는 눈과 손으로 딴청을 부리는 것이랍니다.

'모르는 건 아빠한테 물어보면 되지 뭐!'

동혁이 아빠는 컴퓨터 박사거든요. 벌써 마우스 연습에 싫증이 났습니다. 동혁이는 컴퓨터 선생님 몰래 '고기 굽기'를 시작했어요. 불판에 고기를 한 점씩 집어다가 올려놓고 굽는 것입니다. 잘 구워진 고기는 다시 집어서 간장을 찍어 먹지요.

'아, 맛있겠다!'

동혁이는 입 안 가득 침이 고입니다. 컴퓨터 선생님이 동혁이 가까이 오시네요. 얼른 '토이'에서 지우개를 꺼내 지워 버렸습니다. 저런! 바탕화면까지 다 지우고 말았어요.

"자, 이번엔 마우스로 드래그를 해 봐요. '무서운 얼굴 만들기'를 해 봅시다. 가장 무서운 얼굴을 만든 사람에겐 상을 주겠어요."

아이들은 드래그를 해서 눈썹 하나를 끌어왔습니다. 그런데 어떡하면 좋아요? 순식간에 눈썹이 없어지곤 해요. 몇 번이고 다시 끌어다가 붙였어요. 컴퓨터실은 아이들의 숨소리밖엔 들리지 않았지요. 마침내 '무서운 얼굴'이 완성되었습니다. 인쇄를 해 보니 '무서운 얼굴'은 다 달랐습니다. 눈썹이 찌그러진 얼굴, 두 눈이 제각각인 얼굴, 입술이 일그러진 얼굴……. 어디 그뿐이겠어요? 눈이 눈썹 위로 올라가 붙은 얼굴도 있어요. 아이들은 손뼉을 치며 깔깔대고 웃었습니다.

그런데 딴청 부리다가 허겁지겁 만들어 낸 동혁이 것은 어땠을까요? 바탕화면까지 다 지워 버렸기 때문에 더 혼이 났지요, 뭐! 그뿐이라면 말도 안 해요. 글쎄 동혁이가 만든 '무서운 얼굴'은요, 생글생글 웃고 있는 귀여운 아이였어요.

"동혁이는 '무서운 얼굴' 안 만들었대요!"

이르기 잘하는 소리가 냉큼 일렀어요.

"야, '무서운 얼굴' 이 동혁이 닮았다!"

개구쟁이 기웅이의 목소리였어요.

"진짜, 진짜다! 동혁이 같아."

아이들이 와하하 놀리며 웃었습니다.

"신동혁, 시원한 수박 10통 쪼개서 돌리세요. 그림판 이용하는 것 알지요?"

컴퓨터 선생님은 동혁이에게 특별과제를 주었습니다. 동혁이는 소리를 흘겨보았어요. 소리는 혀를 낼름 내밀고는 돌아앉아 버렸습니다. 동혁이는 별 수 없었어요. 삼각형을 이용하여 수박을 10통이나 만들어야 했지요. 마음속으론 부글부글 약이 올랐지만.

'에이, 하기 싫어. 컴퓨터부 끊고 싶다!'

은혜와 요리치료부

발달장애를 갖고 있는 은혜는 선생님의 말을 안 들어요. 언제나 제 마음대로 행동해요. 어려운 말로 행동이 산만하고 주의집중을 못 한다고 합니다. 이따금 '쉬'도 못 가려요. 은혜는 요리치료부에 가는 수요일을 제일 좋아하지요. 여기선 정말 맛있고 신 나는 일이 벌어지니까요. 쿠키를 굽던 날의 일입니다. 그날은 학교가 꼭 빵집이 된 것 같았다고요. 정말이에요!

그럼 지금부터 쿠키 굽는 것을 가르쳐 줄게요.

앞치마를 입은 아이들이 요리치료 선생님을 둘러쌌어요.

"먼저 커다란 양푼에 밀가루 반죽을 합니다. 반죽을 엄지손가락만큼 조금씩 떼어 내요. 조몰락조몰락 주무르고. 그 다음엔 뭘 할까요?"

요리치료 선생님이 묻자,

"이렇~게 해요."

은혜가 말했어요. 반죽을 미는 시늉을 하면서.

"그래, 은혜가 잘 아는구나. 이렇게 밀대로 밀어요."

아이들이 동그란 반죽을 밀대로 밀어 봅니다. 반죽은 동글납작하게 되었어요.

"이제 예쁜 모양을 찍을 차례예요. 나처럼 해 봐요."
요리치료 선생님을 따라서 하니까 참 쉬워요. 아이들은 반죽에 오리, 하트, 별 모양을 찍어 냈습니다.

"땅콩을 부수는 일은 힘센 사람이 맡아요."

아이들은 저마다 제가 힘이 세다고 야단입니다. 할 수 없이 한 번씩 돌려가며 했어요. 땅콩은 절구에서 톡톡 튀어나갑니다. 얼른 주웠어요. 선생님 몰래 한입에 쏙 넣는답니다. 얼마나 고소한지! 은혜는 부순 땅콩으로 쿠키에 옷을 입혔어요. 아이들이 만든 쿠키를 요리치료 선생님은 오븐에 굽습니다. 오븐 속 쿠키가 노릇노릇 익어 갑니다.

"히이야!"

오븐 속을 들여다보는 은혜의 콧구멍이 넓어졌어요. 숨을 크게 삼킵니다.

"아직 20분은 더 기다려야 해요. 그동안 조리대를 깨끗하게 정리할까요?"

요리치료 선생님의 말씀은 하나도 들리지 않습니다. 아이들은 모두 귀가 없어졌나 봐요. 코만 벌름거립니다. 눈으로는 시곗바늘을 보고, 또 보면서.

1초, 2초, 3초……. 시간이란 애는 게으름쟁이예요. 왜 이렇게 느리게 가는 걸까요?

벌써 2기라고?

교문 앞의 이팝나무 꽃이 활짝 피었습니다. 어느새 1기 방과후학교가 끝났어요. 학교는 여름방학까지를 1학기, 그 후부터 학년을 마칠 때까지를 2학기라고 하지요. 샛별초등학교의 방과후학교는 1학기에 두 번, 2학기에 두 번씩 모두 네 번 아이들을 뽑습니다. 아이들은 서로 자기가 좋아하는 부를 고르느라 다시 소란을 피우지요.

영어연극부는 여전히 인기 짱! 요리치료부, 과학탐구부에도 아이들이 몰렸답니다.

성은이는 바이올린이 쑥쑥 늘지 않자 짜증이 났어요.

"바이올린부 끊고 과학탐구부 다니면 안 돼요?"

떼를 쓰던 성은이는 아빠 말을 듣기로 했습니다.

"조금만 더 참으면 좋은 연주를 하게 될 거야. 아빠는 우리 딸 믿는다."

성은이는 아빠를 절대 실망시키지 않겠다고 마음먹었
어요. 아빠를 사랑하니까요. 성은이는 아빠와 바이올린
을 꼭 끌어안았습니다.

근데 세호는 어떻게 되었을까요? 아무데도 안 다니던 세호는 너무 심심했어요. 같이 놀 친구가 없었기 때문입니다. 세호 엄마는 담임선생님께 상담을 합니다.

"세호가 혼자라 심심해서 큰일 났어요. 세호는 어떤 활동이 좋을까요?"

"세호가 꽃을 아주 좋아해요. 꽃밭 관찰도 자주 하는 과학탐구부가 어울리겠어요."

세호는 담임선생님 말씀을 듣고 2기 방과후학교 과학 탐구부를 신청했습니다.

세호와 과학탐구부

별별 이상한 활동을 다 합니다. 글쎄 말예요, 과학탐구부가 된 첫 시간이었어요. 세호는 그만 질려 버렸습니다. 지렁이를 한 마리씩 관찰하고 화분에 넣어 줬거든요. 세호는 지렁이가 싫었어요. 징그럽고.

"여자 아이들은 지렁이 되게 무서워한다. 볼래?"

준모는 지렁이를 좋아하나 봅니다. 겁도 안 나나 봐요. 지렁이 한 마리를 손으로 집어 들었어요. 눈을 반짝

이며 세호를 찍니다. 바로 앞자리에 앉은 여자 아이 등에 놓을 모양이에요. 세호는 기겁을 했어요. 움찔 한 발짝 뒤로 물러섰습니다.

"야, 너 왜 그래? 여자처럼."

소리를 지르던 준모가 지렁이를 놓쳤습니다. 지렁이는 세호의 발등 위에 뚝 떨어졌습니다.

"너 정말 이러기야?"

세호는 펄쩍 뛰며 발등을 털어냈지요. 발등에서 떨어진 지렁이도 놀랐나 봐요. 몸을 둥글게 만 채 꼼짝도 안 했어요. 소동이 나자 앞의 여자 아이가 돌아보았습니다. 같은 유치원에 다녔던 채원이였습니다.

"너 자꾸 까불면 선생님한테 이른다!"

채원이는 세호가 저를 놀린 줄 알아요. 입을 비쭉하며 눈을 흘겼습니다. 준모는 지렁이를 들어서 화분 속에 넣어 주며 웃었어요.

과학탐구부에서는 나뭇잎을 헝겊에 대고 두드려서 무늬를 찍기도 했어요. 그림물감도 없이 그림을 그린 듯해요. 두드리기만 해도 헝겊에 초록색 나뭇잎이 새겨졌어요. 참 신기한 일입니다. 나뭇잎을 두드리느라 팔은 좀 아팠지만. 나뭇잎이 달라붙어 초록물을 들인 헝겊은 손수건이 되었어요. 손수건을 보고 세호 엄마는 아주 놀라워했습니다.

"이건 정말 예술이네. 세호야, 엄마한테도 가르쳐 주렴. 이 방법으로 세호 방에 여름 커튼을 만들어 보자. 정말 멋있겠는걸."

세호도 조금씩 과학탐구부가 좋아졌어요. 그러다가 정말정말 신기한 일이 일어났어요. 그것은 과학탐구부가 학교 뒷산으로 현장학습을 갔을 때의 일입니다.

과학 선생님은 의사 선생님처럼 청진기를 목에 걸고 말했습니다.

"이제 여러분은 나무 의사가 되는 겁니다. 청진기로 나무의 심장 소리를 들어 보세요."

"나무에 심장이 있다고요?"

아이들은 믿어지지 않는 얼굴입니다. 그럴 수가? 그런데 나무는 왜 못 움직이지? 심장이 있으면 살아서 움직이는 건데. 세호도 고개를 갸우뚱거립니다.

"누가 나무의 병을 제일 잘 찾아낼지 궁금하군요. 그러려면 나무 심장 소리를 잘 들어 봐야 하는데……."

과학 선생님의 말씀이 끝나자마자 아이들은 청진기를 목에 걸고 야단이 났습니다. 아이들 심장 소리를 들어 보려 서로서로 가슴에 대 보고.

아, 이럴 수가? 세호는 가만히 숨을 죽였습니다. 청진기를 통해 나무 심장 소리가 전해 옵니다. 세호의 심장도 더 빨리 뛰고 있습니다.

"츠~우, 츠츠~우."

그 소리는 아주 크게 들렸어요. 세호는 처음에 자기가 빨대로 요구르트 병을 빠는 줄 알았어요. 요구르트가 더 먹고 싶은데 한 방울도 안 남아서 자꾸만 빨대를 빨 때처럼. 나무마다 다 똑같을까? 세호는 궁금해졌어요. 얼른 다른 나무로 다가가 청진기를 대고 귀를 기울였지요. 이번엔 더 크고 다른 소리가 울렸습니다.

"울릉릉, 울루루~~~."

멀리서 커다란 트럭이 달려오는 것 같았습니다. 물을 가득 싣고서. 세호는 나무 심장 소리에 반했어요. 이 나무 저 나무로 옮겨 다니며 진찰을 했습니다. 다른 아이들도 마찬가지입니다. 지금까지는 장난거리만 찾았었는데.

"뿌그르륵 방귀 뀌는 소리가 난다."

영호의 말에 와아 웃었습니다.

희주는 트림하는 소리를, 윤서는 콸콸 폭포처럼 쏟아

지는 소리를 들었다고 했습니다.

　"나무 심장 소리를 다 다르게 느끼다니! 벌써 과
학자가 된 것 같구나."

　과학 선생님의 칭찬을 듣고 아이들은 더 신이 났
습니다.

　"네. 맞아요. 저는 꼭 곤충학자가 될 거예요. 파브르

처럼요."

준모가 큰소리로 말했어요.

'어, 파브르가 누구지? 난 모르는 걸 알다니. 준모는
진짜 대단한데?'

세호는 준모가 지렁이를 귀여워한 까닭을 알 것 같습
니다.

'나는 이다음에 커서 뭐가 될까? 나도 과학자 할까?'

세호는 처음으로 무엇이 될지 생각해 보았어요.

소리와
재즈댄스부

공부만 하면 재미가 없다고요? 그럼 여러분이 좋아하는 재즈댄스부에 구경 갑시다.

와! 이 신나는 음악이 들리지요? 재즈댄스부 아이들 얼굴 좀 보세요. 반짝반짝 빛이 나요. 저기 창문 쪽 맨 앞에서 춤추는 아이가 바로 소리예요. 무엇이든지 이르기를 좋아하는 아이. 그래서 아이들에게 미움 받는 아이, 소리.

"선생님, 도란이는 방과후학교가 너무너무 좋대요."

이런 건 그래도 괜찮습니다.

"선생님, 승희가 실내화 안 가져왔대요." 라든가, "선생님, 성은이가 유빈이 흉 봐요." 같은 말을 꼭 선생님께 전하는 고자질쟁이 소리.

소리는 참 잘도 찾아냅니다. 아이들이 선생님한테는 비밀로 하고 싶은 이야기들을. 소리가 친구들을 미워해서 그런다고요? 절대 아니랍니다. 소리는 그저 자기 눈에 띄는 것을 말합니다. 선생님께 귀여움을 받고 싶은 거예요. 다른 아이들 마음은 조금도 모른 채.

소리를 눈여겨보던 담임선생님에게 좋은 생각이 떠올랐어요. 소리가 칭찬을 많이 받도록 만드는 것입니다.

"소리는 방과후학교 재즈댄스부를 하면 좋겠구나. 몸 놀림이 가벼우니까 춤을 아주 잘 출 거야. 재즈댄스부는 우리 학교 대표로 발표도 많이 한단다. 그래서 1학년부터 6학년까지 다 함께 배우지."

　소리는 담임선생님 말이라면 다 듣는 아이랍니다. 재

즈댄스부 대표가 되는 날을 손꼽아 기다리며 춤을 추었

어요. 땀이 뻘뻘 나도록. 즐겁게 춤을 추는 소리는 정말 예뻐 보입니다.

"소리는 진짜 춤에 소질이 있구나. 이렇게 춤을 잘 추는 1학년은 처음이야."

재즈댄스 선생님께서 칭찬하셨어요. 그때마다 소리의 몸은 나비처럼 가벼워집니다. 나풀나풀 추다가 펄쩍펄쩍 힘 있게 뛰어오릅니다. 소리는 춤에 푹 빠져듭니다. 언제부턴가 소리는 일러바치지 않았어요. 친구들 흉이나 찾아서 이르는 일은 잊어버렸습니다. 남이 싫어하는 일은 이제 안 해요. 소리는 선생님들의 사랑을 담뿍 받고 있으니까요.

방과후학교
발표회

2학기. 운동회가 끝났어요. 벌써 방과후학교 4기가
시작되었습니다. 학교 운동장의 은행나무들이 노란 옷
을 자꾸자꾸 벗어 놓습니다. 아이들이 기다리고 기다리
던 방과후학교 발표회 날이 다가왔어요. 샛별초등학교
의 방과후학교 발표회 제목은 '느티나무 축제'. 학교나
무인 느티나무의 이름을 따서 지었답니다.

학교는 알록달록 아이들이 만든 작품으로 단장을 했

습니다.

글짓기부는 예쁜 시화를 만들어서 발에 걸었고요.

미술부는 여러 가지 그림을 내놨어요. 진짜 화가처럼

떡하니 이젤에 받쳐 놓았지요.

만들기부는 종이랑 찰흙으로 만든 갖가지 인형들과

꽃, 집을 꾸며서 커다란 유리 진열장에 넣어 놓았습니다.

"이거 정말 다 우리 아이들 작품이 맞나? 애기들인 줄
만 알았는데……."

"그러게 말예요. 솜씨들이 정말 놀라워요."

구경 오신 엄마, 아빠들은 아이들이 만든 꽃 브로치를
손으로 가리켰어요. 모두 탐이 난다고 칭찬을 했습니다.
볼거리는 이것뿐만이 아닙니다.

과학탐구부는 그동안 길러 온 곤충과 야생화를
전시했어요.

한자부는 재미있는 수수께끼를 맞히는 한자 퍼즐
로 구경꾼을 모았습니다.

컴퓨터부는 또 얼마나 멋진 작품들을 전시했는지 모
릅니다. 방과후학교 발표회 초대장, 그림엽서, 카드, 명
함, 편지지, 생활계획표, 스티커, 문패……. 수도 없이
많습니다. 학년이 올라갈수록 솜씨가 뛰어났어요. 물론

1학년도 참 잘했어요. 우선 동혁이를 찾아볼까요? 아, 여기! 동혁이가 좋아하는 몬스터 그림을 넣은 명함이 있군요. 초대장도요.

"해바라기 꽃에 나비가 날아와 꿀을 먹는 그림은 우리 동혁이 것이 제일 낫네. 테두리 꾸밈도 잘했고."

컴퓨터 박사인 동혁이 아빠가 칭찬을 합니다. 동혁이 얼굴이 환해졌어요. 동혁이는 조마조마했었거든요. 방과후학교 땡땡이쳤던 일을 아빠한테 들킬까 봐. 이제 동혁이도 공부 시간에 딴청 부리지 않겠다는 마음을 먹습니다.

학교 운동장을 한 바퀴 돌아 본 어른들과 아이들은 강

당으로 갑니다. '느티나무 축제'에서 가장 인기 있는 볼

거리를 찾아서.

강당 안은 사람들로 꽉 찼어요. 서늘하던 강당이 난로

를 피운 것처럼 훈훈합니다. 제일 먼저 4, 5, 6학년으로

된 사물놀이부의 '풍물 한마당'이 펼쳐졌습니다. 꽹과

리를 잡은 것은 6학년 상쇠입니다. 신명 나는 장

단에 맞추어 상모가 너울너울 돌아갑니다.

장구 가락에 어깨춤을 참을 수 없게 된

할아버지, 할머니가 일어나 나왔습니다. 무대 앞에서 덩실덩실 춤을 춥니다. 상모를 돌리던 아이가 깜짝 놀랐어요. 그만 상모 끝을 밟고 기우뚱 넘어지려 합니다. 그 모양을 보고 모두 손뼉을 치며 웃었습니다. 강당이 떠나갈 만큼.

다음은 재즈댄스부의 공연입니다. 반짝반짝 구슬 달린 옷을 입은 재즈댄스부가 등장했어요. 꼭 텔레비전에 나오는 사람들 같습니다. 의자 위에 올라가 펼치는 어려운 춤을 추었어요. 한 사람도 실수 없이 마치고 들어갑니다.

"어휴, 저 앤 1학년 같은데 정말 잘 추네. 저런 예쁜 딸 하나만 있으면 원이 없겠다.”

아들만 있는 동혁이 아빠가 소리를 보고 부러워합니다.

“아빠, 저 애는 소리예요. 바로 제 짝꿍이거든요.”

동혁이가 으쓱 어깨를 올렸어요. 아빠에게 짝꿍 자랑을 합니다. 소리의 춤은 정말 깜찍하고 예뻤어요. 어른뿐만 아니라 아이들까지도 반할 만큼.

마지막 순서는 영어연극입니다. 영어연극부가 준비한 영어로 된 '흥부와 놀부'였어요. 샛별초등학교 영어연극부가 유명한 것은 다 이유가 있답니다.

영어를 잘해서라고요? 땡!

틀렸습니다.

그럼 왜죠? 춤만 잘 추는 것도 아니고요, 무대를 화려하게 꾸민 것도 아닙니다. 그것은 모든 선생님과 아이들이 마음을 모아 영어연극을 하기 때문입니다. 연극은 노래, 춤, 말하기, 미술과 같은 활동이 한데 어우러져야 제맛이 나거든요.

드디어 막이 천천히 오릅니다.

여러분은 영어연극부에 들어간 유빈이를 기억하지요? 유빈이는 영어 실력에 연기까지 잘합니다. 이제 우리말도 부쩍 늘었고요. 유빈이는 흥부의 막내아들을 맡았어요. 성은이네 바이올린부도 영어연극에 출연합니다. 영어연극부가 공연할 때 사물놀이부와 힘을 합해 배경 음악을 돕게 되었으니까요. 그중에서도 성은이는 특별출연을 합니다. 흥부와 흥부 아내가 박을 탈 때 '쩌억' 박이 쪼개지는 소리를 바이올린으로 흉내 내는 역할입니다.

"톱질하세. 톱질하세. 슬근슬근 톱질하세."

흥부와 흥부 아내가 노래하며 톱질을 마칠 무렵이었습니다.

성은이가 바이올린을 켜서 '쩌억' 큰 소리를 냈습니다. 흥부네 박에서 보물이 쏟아져 나왔어요. 때를 맞춰 사물놀이부가 신나는 장단을 칩니다. 영어연극부는 한 덩어리가 되어 빙글빙글 돌아가며 춤을 춥니다.

유빈이는 성은이의 바이올린 솜씨가 부럽습니다. 성은이는 유빈이의 영어연극부가 참 멋지다고 생각합니다. 영어연극부의 공연은 바이올린부와 사물놀이부가 도와주어서 더 빛이 났습니다. 바이올린부랑 사물놀이부는 영어연극부를 도와 신 나는 무대를 만든 셈이고요. 참, 미술부와 만들기부가 한 일을 빼먹을 뻔했어요. 미술부는 연극 무대의 배경을 만들었고요, 만들기부는 영

제 1867호

협 동 상

위 어린이들은 느티나무 축제에서 서로 도와
멋진 무대를 만들었으므로 이에 이 상장을 수여합니다.

 샛별초등학교장 남궁운

어연극부가 출연할 때 쓰는 갓, 종이옷과 같은 소품을
만들었답니다.

아하! 이만하면 샛별초등학교의 방과후학교는 협동상
을 받아야 한다고요? 네. 여러분이 먼저 상을 주면 어떨
까요? 힘찬 박수로.

성은이와 유빈이는 손을 꼭 잡고 외쳤습니다.

"우리 학교가 짱이에요!"

"난 학교에 홀딱 반했어요!"

방과후학교는 이런 곳입니다

★ 방과후학교는 왜 생겼나요?

교육은 어린이의 미래를 위한 투자입니다. 미래는 바른 인성과 창의성을 가진 사람들을 필요로 합니다. 그러므로 방과후학교는 어릴 때부터 다양한 소질과 적성을 찾아 꿈을 키우는 것을 목표로 하지요. 또한 사교육비를 줄이고 맞벌이 등으로 바쁜 학부모님을 대신하여 어린이를 잘 돌보아 건강하게 키우려는 것입니다.

방과후학교야말로 창의성과 인성이라는 두 마리 토끼를 단번에 잡고 우리 교육 문제까지 단숨에 해결하는 열쇠가 될 것입니다.

★ 방과후학교는 어떤 곳인가요?

정규 학교 수업 이외에 학교 안에서 이루어지는 모든 특기 적성 교육과 돌봄교실, 영재 교육 등을 통틀어 방과후학교라고 합니다. 방과후학교는 정규 수업이 끝난 후, 즉 방과 후에 이루어지기 때문에 붙여진 이름이기도 하고요.

방과후학교는 주로 부서별 활동을 하며 학교에 따라서는 반이라는 명칭으로 불리기도 합니다. 예를 들면 영어부, 과학부를 영어반, 과학반 하는 것입니다. 따라서 명칭은 학교마다 다르며 부서 또한 매우 다양하여 그 종류를 일일이 말할 수 없을 정도로 많습니다. 이것은 학교나 지역사회에 따라

매우 달라지는 특징이 있습니다.

　이 책에서는 어디서나 일반적으로 많이 이루어지는 부서 활동들을 소재로 하여 이야기를 엮어 보았습니다.

★ 방과후학교 부서는 어떻게 만드나요?

　우선 학년말에 다음 해의 학교 교육 과정을 편성하기 위한 설문 조사를 합니다. 설문 조사의 대상은 교직원뿐만 아니라 학부모, 학생까지 포함됩니다. 설문을 통해 그해의 교육 과정 운영을 반성, 평가하고 다음 해에도 계속하여 할 일과 보완할 것들을 찾아보는 것입니다. 이때 방과후학교의 각 부서 활동도 평가하며 앞으로 새로 만들면 좋을 부서도 떠오릅니다. 설문 조사 결과 새로운 부서를 희망한다 하여도 바로 만들 수는 없습니다. 그 부서를 운영할 방과후학교 강사를 뽑기 위해 학교 홈페이지나 교육청 홈페이지에 부서를 운영할 강사 모집 공고를 내야 합니다. 모집 결과 서류 심사를 거쳐 3배수의 강사를 우선 선정한 후 다시 면밀한 면접 등을 통해 1명의 강사를 뽑습니다. 방과후학교 강사를 뽑는 복잡한 업무는 방과후학교 담당 부장 교사가 중심이 된 방과후학교 강사선정위원회에서 맡습니다.

　부서와 강사에 특별한 변동 사항이 없으면 재계약을 하며 종합 검진 기관의 건강 진단 결과와 경찰서의 범죄 경력 조회(성범죄 포함)를 받아서 계약을 맺습니다. 강사가 뽑힌 후라도 방과후학교 신청서를 받아서 학생 모집이 안 되면 자연히 폐강됩니다.

★ 방과후학교 신청, 어떻게 할까요?

방과후학교 부서가 정해지면 부서별 지도 강사, 교육 활동, 활동 시간과 요일, 장소, 모집 대상, 지도 기간, 수강료 등의 자세한 계획을 세웁니다. 방과후학교 관련 자료는 학교운영위원회의 심의를 거친 후 가정통신을 보냅니다. 학부모님과 학생들은 방과후학교 안내 가정통신을 보고, 하고 싶은 부서를 골라서 신청합니다. 이때 신청 기간을 꼭 지켜야 합니다. 왜냐하면 신청자가 많을 경우 부서를 재조정하거나 학교에 따라서는 신청하는 순서대로 마감을 하기도 하니까요.

참, 방과후학교 폐강과 추가 신청에 대한 안내를 드리겠습니다.

수강 신청을 받은 결과 수강 인원이 적어서 폐강되는 부서가 있으므로 추가 신청을 받습니다. 폐강되는 부서와 시간에 신청한 신청서는 저절로 취소되며, 폐강한 부서 대신 다른 부서로 바꾸어 다시 신청하는 것입니다.

방과후학교는 대개 4기, 즉 1기는 3~5월, 2기는 6~8월, 3기는 9~11월, 4기는 12~2월로 나누어 운영합니다. 신청 기간을 놓치지 않도록 가정통신이나 학교 홈페이지의 안내를 잘 살펴보는 것이 좋습니다. 신청 기간이 끝나면 곧바로 수강료를 납부하고 방과후학교 공부를 시작합니다.

수강료는 스쿨뱅킹을 이용하여 학교 통장에 입금하는 방법이 많이 사용되고 있습니다. 수강료를 직접 학교에 가져오다가 일어날 안전사고를 막기 위한 것이지요. 전학이나 장기 입원의 경우에는 환불이 가능하나 학교마다 정해진 규칙이 조금씩 다르므로 꼼꼼히 살펴보아야 합니다.

★ 방과후학교 운영은 어떻게 하나요?

방과후학교 시간 운영은 60분씩 1주일에 2회 수업하는 것을 원칙으로 하지만 부서의 특성에 따라 120분씩 1주일에 1회만 수업을 하기도 합니다. 수강 기간 중에 예상하지 못한 휴일이나 수업을 못 한 날이 생기면 빠진 시간만큼 보충수업을 합니다.

방과후학교는 대부분 수강료로 운영됩니다. 수강료는 방과후학교 강사의 급여로 지불되며 학교에 따라 강사 급여의 약 5% 정도의 관리비를 받기도 합니다. 학교에 내는 관리비는 방과후학교 운영에 드는 전기, 수도, 가스, 전화요금 등의 공공요금과 인쇄물을 만들거나 복사하는 비용으로 사용됩니다.

★ 특수 교육 대상 어린이는 어떻게 하나요?

특수 교육 대상 어린이의 효율적인 특수 교육을 위하여 전문적인 치료 지원금이 1인당 월 10만 원 내에서 지원됩니다. 그러나 치료 대상 학생이 보건복지가족부에서 지원하는 '장애아동 재활치료' 서비스 대상자로 선정되어 치료 지원비를 받고 있을 경우에 중복 지원은 안 됩니다. 보다 자세한 내용은 특수 학급 담당 선생님과 의논하여 불이익을 받는 일이 없도록 합니다.

★ 방과후학교 무료 지원을 어떻게 받나요?

가정 형편의 어려움 때문에 교육의 기회를 잃게 될지도 모르는 어린이를 위한 자유수강권을 소개합니다. 자유수강권 제도를 이용하면 원하는 방과

후학교 부서를 무료로 다닐 수 있습니다. 자유수강권은 기초생활수급자자녀, 소년소녀가장, 새터민자녀, 시설수용학생, 기타 급식비를 지원받는 등의 저소득층 학생이 희망할 경우에 지원합니다. 개인적인 사정으로 처음에 신청하지 못했어도 담임선생님과 의논하면 다음 기회를 이용할 수 있도록 적극 도와주실 것입니다.

자유수강권은 학생 1인당 월 3만 원 내외, 연간 30만 원 내외에서 지원합니다. 이 금액이면 방과후학교 부서 활동 한 가지를 꾸준히 할 수 있답니다.

★ 방과후학교에선 어떤 활동을 하나요?

방과후학교는 부서별로 수업을 공개합니다. 대개 수업 공개는 학기말에 1회씩, 연 2회 이루어집니다. 학부모님들은 수업 공개에 참관하여 자녀의 활동 모습을 보고 자녀의 특기나 소질 등을 파악하는 기회를 가질 것입니다. 물론 학부모님마다 수업참관록을 기록하는 수고도 따른답니다.

방과후학교 부서별 활동을 모아서 종합 발표회를 합니다. 그림과 공예품의 작품 전시회, 연극이나 무용 등의 발표회, 바이올린과 플루트 등의 연주회 같은 활동들을 말합니다. 종합 발표회는 그동안 배운 실력을 발휘하는 활동이므로 대개 방과후학교 3기말에 이르는 11월경에 많이 이루어집니다.

★ 방과후학교에서 주의할 점은 무엇인가요?

무엇보다 방과후학교에 오고 갈 때의 안전에 주의해야 합니다. 어린이들로 하여금 교통은 물론 낯선 사람도 주의하는 태도를 길러야겠지요. 같은 반이나 이웃에 사는 어린이끼리 짝지어 다닐 수 있도록 교우 관계를 파악해 두면 도움이 됩니다.

방과후학교에서도 규칙을 잘 지키도록 합니다. 지각이나 결석을 하지 않는 습관을 기르고 만일의 경우에는 미리 선생님께 알려 드립니다.

어린이들에게 방과후학교 부서 활동 효과를 재촉하지 않아야 합니다. 교육의 성과는 아주 느리게 천천히 나타납니다. 성과를 서두르면 어린이가 자신감이나 흥미를 잃게 되어 자칫 포기하는 사람이 되기 쉬우니까요.

방과후학교 뿐만 아니라 모든 교육 활동에 관심을 갖고 늘 살펴보아야 합니다. 그리고 칭찬을 잊지 마세요. 부모님의 사랑이 담긴 칭찬 한 마디는 백 배, 천 배의 효과로 되돌아올 것입니다.

제대로 된 인성 교육은
삶의 가치를 바꾸어 놓습니다

바른 인성을 가진 아이가 밝은 미래를 이끌어 갑니다.
스스로 정의롭고 아름다운 인생을 가꿀 수 있는 방법을 가르쳐 주세요.

★한국문화예술위원회 선정 우수문학도서★
★어린이문화진흥회 선정 좋은 어린이 책★
★한우리 선정 굿북★

① 세상에서 제일 잘난 나(자신감)
② 꼴찌여도 괜찮아(끈기)
③ 먼저 손을 내밀어 봐(화해)
④ 달라진 내가 좋아(좋은 습관)
⑤ 너 때문에 행복해(배려)
⑥ 우리 반 암행어사(리더십)
⑦ 그래, 결심했어!(절제)
⑧ 강아지로 변한 날(고운 말)

각권 80쪽 내외 | 각권 8,000원

일주일 만에 끝내는 교과서 시리즈

공부를 잘하려면 어떻게 해야 하지?

1학년

2학년

동화로 배우는 신나는 교과서!

1. 일주일 만에 끝낸다!
월, 화, 수, 목, 금, 토, 일. 일주일 만에 학습의 핵심을 잡을 수 있습니다. 현행 교육 과정에 기초한 초등학교 교과 내용과 초등학생에게 꼭 필요한 교양 기초 상식 학습을 일주일 만에 끝낼 수 있도록 정리해 주었습니다.

2. 함정에서 탈출시킨다!
어린이들이 학교 수업에서 자주 빠지는 함정이 있습니다. 잘못 알고 있는 개념이 오답을 부르고, 이것이 공부에 자신감을 잃게 만듭니다. 시험에 속기 쉬운 오개념을 확실하게 잡아 주어 더 이상 함정에 빠지지 않도록 해 줍니다.

3. 입체적인 학습 효과!
[학습 만화 + 동화 + 문제]를 통해 재미없고 지루할 수 있는 학습을 재미있게 구현했습니다. 각 장의 도입 부분은 만화로 꾸며지고, 그 뒤에 재미있는 동화 한 편, 그리고 다시 복습할 수 있는 문제를 덧붙였습니다.

로운어린이교육연구회 기획 · 글 | 각권 11,000원